SIMPATÍA.

Espacio para Mensaje Personalizado

Simpatía: Un Poema de Consuelo

COLECCIÓN DE POESÍA I

Escrito por Macarena Luz Bianchi

Diseñado por Zonia Iqbal

Para recibir un libro electrónico gratis, contenido exclusivo, más maravillas, bienestar y sabiduría, suscríbete al boletín *Lighthearted Living* en MacarenaLuzB.com y mira sus otros poemas, libros y proyectos.

ISBN: Tapa Dura: 978-1-954489-48-6 | Tapa Blanda: 978-1-954489-44-8

Imprint

Spark Social, Inc. es una imprenta en Miami, FL, USA, SparkSocialPress.com

Información sobre pedidos: Hay licencias disponibles, libros personalizados y descuentos especiales en las compras de cantidades. Para más detalles, póngase en contacto con la editorial info@sparksocialpress.com.

SIMPATÍA

Un Poema de Consuelo

COLECCIÓN DE POESÍA I

Macarena Luz Bianchi

Imprint
Spark Social Press

Lamento tu pérdida.

Mi más sentido pésame.

Eres libre de llorar
y sentir tu dolor.

Momento a momento,
reconoce lo que sientes
con paciencia y gracia.

Abraza todos tus sentimientos.

Permite que tus emociones fluyan
mientras honras tu pérdida.

Tómate tu tiempo y espacio,
el consuelo es necesario.

Un refugio de abrazos te consolará
Que sientas el abrazo del consuelo.

Puedes llorar, sentir
y afligirte libremente,
porque sabemos que eres fuerte
y seguirás adelante.

S.Y.M.P.A.T.H.Y.

A POEM OF SOLACE

Sorry for your loss. My deepest condolences.

You are free to cry and feel your sorrow.

Moment to moment, acknowledge what you feel with patience and grace.

Permission is yours to grieve in any and every way.

Allow your feelings to flow as you honor your loss.

Take your time and give yourself the needed solace and space.

Haven of hugs will console you. May you feel comfort's embrace.

Yours in sympathy, please be well. You can cry, feel, and grieve freely, for we know you are strong and will carry on.

⚬⚭⚮⚬⚭⚮

SIMPATÍA
UN POEMA DE CONSUELO

Lamento tu pérdida. Mi más sentido pésame.

Eres libre de llorar y sentir tu dolor.

Momento a momento, reconoce lo que sientes con paciencia y gracia.

Abraza todos tus sentimientos.

Permite que tus emociones fluyan mientras honras tu pérdida.

Tómate tu tiempo y espacio, el consuelo es necesario.

Un refugio de abrazos te consolará. Que sientas el abrazo del consuelo.

Puedes llorar, sentir y afligirte libremente, porque sabemos que eres fuerte y seguirás adelante.

Estoy contigo. Mi más sentido pésame.

⁜

¡Gracias!

Inspírate & Mantente Conectado

Para recibir un libro electrónico gratis, contenido exclusivo, más maravillas, bienestar y sabiduría, suscríbete al boletín *Lighthearted Living* en MacarenaLuzB.com y mira sus otros poemas, libros y proyectos. ✨

Agradezco tus Comentarios

Si te gusta este libro, revísalo para ayudar a otros a descubrirlo. Si tienes algún otro comentario, déjanos saber en info@macarenaluzb.com o en la página de contacto en MacarenaLuzB.com. Nos encantaría saber de ti y saber qué temas deseas en los próximos libros. 🌻

Sobre la Autora

Macarena Luz Bianchi tiene un enfoque alegre y empoderador y sus lectores la consideran cariñosamente como Hada Madrina. Más allá de su colección de libros de regalo y poemas, también escribe guiones, ficción y no ficción para adultos y niños. Le encanta el té, las flores y los viajes.

Suscríbete a su boletín *Lighthearted Living* para obtener un libro electrónico gratuito y contenido exclusivo en MacarenaLuzB.com y síguela en las redes sociales. 💗

Macarena Luz Bianchi

Libros de Regalo

COLECCIÓN DE POESÍA I

- *Asombrosa Mamá: Un Poema de Agradecimiento*
- *Enhorabuena: Un Poema de Triunfo*
- *Feliz Aniversario: Un Poema de Afecto*
- *Feliz Cumpleaños: Un Poema de Celebración*
- *Feliz Graduación: Un Poema de Logros*
- *Intimidad: Un Poema de Adoración*
- *La Amistad: Un Poema de Apreciación*
- *La Gratitud Es: Un Poema de Empoderamiento*
- *Mejórate Pronto: Un Poema de Acompañamiento*
- *Querido Papá: Un Poema de Admiración*
- *Ser Extraordinario: Un Poema de Autoestima*
- *Simpatía: Un Poema de Consuelo*
- *Valentín: Un Poema de Amor*

También disponibles para niños y adolescentes.
Versión en Inglés: Gift Book Series.

www.ingramcontent.com/pod-product-compliance
Lightning Source LLC
Chambersburg PA
CBHW042335030426
42335CB00027B/3348